낭독하는 명작동화

Level 3-5

Rapunzel

✦ 라푼젤 ✦

새벽달(남수진) • 이현석 지음

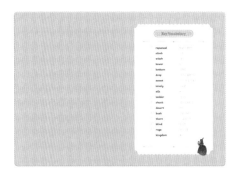

명작동화를 읽기 전에 스토리의 **핵심 단어**를 확인해 보세요. 내가 알고 있는 단어라면 체크 표시하고, 모르는 단어는 이야기를 읽은 후에 체크 표시해 보세요.

Story

Level 3의 영어 텍스트 수준은 책의 난이도를 측정하는 레벨 지수인 **AR(Accelerated Reader) 지수 2.5~3.3 사이**로 미국 초등 학생 **2~3학년 수준**으로 맞추고, 분량을 **1100 단어 내외**로 구성했습니다.

쉬운 단어와 간결한 문장으로 구성된 스토리를 그림과 함께 읽어 보세요. 페이지마다 내용 이해를 돕는 그림이 있어 상상력을 풍부하게 해 주며, 이야기를 더욱 재미있게 읽을 수 있습니다.

Reading Training

이현석 선생님의 **강세와 청킹 가이드**에 맞춰 명작동화를 낭독해 보세요.

한국어 번역으로 내용을 확인하고 **우리말 낭독**을 하는 것도 좋습니다.

This Book

Storytelling

명작동화의 내용을 떠올릴 수 있는 **8개의 그림**이 준비되어 있습니다. 각 그림당 제시된 **3개의 단어**를 활용하여 이야기를 만들고 말해 보세요. 상상력과 창의력을 기르는 데 큰 도움이 될 것입니다.

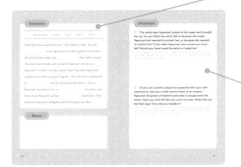

Summary

명작동화의 **줄거리 요약문**이 제시되어 있습니다. 빈칸에 들어갈 단어를 채워 보며 이야기의 내용을 다시 정리해 보세요.

Discussion

명작동화의 내용을 실생활에 응용하거나 비판적으로 생각해 볼 수 있는 **토론 질문**으로 구성했습니다. 영어 또는 우리말로 토론하며 책의 내용을 재구성해 보세요.

픽처 텔링 카드

특별부록으로 **16장의 이야기 그림 카드**가 맨 뒷장에 있어 한 장씩 뜯어서 활용이 가능합니다. 순서에 맞게 그림을 배열하고 이야기 말하기를 해 보세요.

 QR코드 영상을 통해 새벽달님과 이현석 선생님이 이 책을 활용하는 가장 좋은 방법을 직접 설명해 드립니다!

Contents

◆ Key Vocabulary 7

◆ Story 8

◆ Reading Training 26

◆ Storytelling 44

◆ Summary 46

◆ Discussion 47

Rapunzel

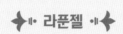

라푼젤

☐	**rapunzel**	독일의 양배추
☐	**climb**	오르다
☐	**witch**	마녀
☐	**tower**	탑
☐	**bottom**	아래쪽
☐	**drop**	내리다, 떨어뜨리다
☐	**sweet**	(소리가) 듣기 좋은
☐	**lonely**	외로운
☐	**silk**	비단
☐	**ladder**	사다리
☐	**chunk**	상당히 많은 양
☐	**desert**	사막
☐	**bush**	덤불, 관목
☐	**thorn**	(식물의) 가시
☐	**blind**	눈이 먼
☐	**rags**	누더기 옷
☐	**kingdom**	왕국

Once upon a time, there was a man and a woman.

They wanted a child for a long time.

Finally, they were expecting a baby.

One day, the woman looked out the window.

And she saw a big garden next door.

The garden was full of beautiful flowers and vegetables.

The woman wanted to eat some rapunzel.

The woman told her husband, "I want some rapunzel."

Her husband loved her a lot.

So he climbed over the high wall and entered the garden.

The garden belonged to a witch.

But the man did not know that.

He took some rapunzel for his wife.

She ate some, and it tasted very good.

The next day, the woman wanted more rapunzel.

She told her husband, "Please, bring me some more rapunzel."

So the husband went to the garden again.

But this time, the witch saw him.

And she was very angry.

"How dare you steal my rapunzel?" she said.

The man was afraid.

"Please do not hurt me," he said. "My wife wanted it."

The witch thought for a moment.
Then she said, "I will let you take the rapunzel.
But you must give me something."
The man asked, "What do you want?"
"When your baby is born, give it to me," said the witch.
The man was scared, but he nodded.

Soon, the woman gave birth to a baby girl.
That very same day, the witch came.
She took the baby away with her.

The witch took the baby to a forest.
She named the baby Rapunzel.
The witch put Rapunzel in a big and tall tower.
The tower was deep in the forest.
It had no doors or stairs.
So Rapunzel could not leave the tower.

Rapunzel grew up in the tower.
She had long and golden hair.
The witch came to visit
Rapunzel every day.
At the bottom of the
tower, she cried,
"Rapunzel, Rapunzel,
let down your hair."

Then Rapunzel would drop her
long hair down.
The witch would use it to climb up
the tower.
Rapunzel was alone for many years.
Every day, she looked out the window,
and sang beautiful songs.

One day, a prince was riding his horse
in the forest.
While riding, he passed by the tower.
He heard someone singing in a sweet voice.
'Her voice is amazing. I wonder who she is,'
the prince thought.

The prince looked around, but there was no one.
'I think the voice is coming from that tower,' he thought.
He went close to the tall tower.
Now, the voice was a bit louder.
The prince wanted to meet the person singing.
But the tower had no doors or stairs.
So he could not go inside.

Every day, the prince stood by the tower.
He wanted to hear the beautiful voice again and again.
'I really want to meet this woman,' he thought.

One day, the prince was near the tower.

He saw an old woman in front of it.

She said, "Rapunzel, Rapunzel, let down your hair."

Suddenly, long and golden hair came down.

The old woman used the hair and climbed up the tower.

'That is very long hair!' the prince thought.

Then, he had an idea.

The next day, the prince returned to the tower.

He called, "Rapunzel, Rapunzel, let down your hair."

The hair really came down!

The prince used the hair and climbed up the tower.

In the tower, he saw Rapunzel.

Rapunzel was surprised, so she asked, "Who are you?"

"I am a prince. I heard your beautiful voice, so I came here.
I wanted to meet you," said the prince.

Rapunzel had never seen a prince before.

Rapunzel was scared at first.

But the prince was nice, so she liked him.

They talked for a long time.

The prince made her laugh.

Rapunzel was not lonely anymore.

The prince said, "I will come again tomorrow."

While Rapunzel waited for him, she sang many songs.

She thought about the prince a lot.

The prince visited Rapunzel every day.
And they fell in love with each other.

One day, the prince said,
"Let's make a plan. I will help you get out of the tower."
Rapunzel was excited to see the world.
She wanted to smell flowers and ride horses, too.

After talking it over, Rapunzel thought of a plan.
"Every time you come, bring me some silk.
And I will make a ladder with it."

From then on, the prince brought silk when he came.
Rapunzel started to make the ladder.
She worked on it every day.
She dreamed of freedom and adventures.

Whenever the witch came, Rapunzel hid the ladder.
Finally, the ladder was ready.
One night, Rapunzel was ready to escape the tower.
So she waited for the prince to come.

But the witch came first.
Rapunzel was shocked, so she could not hide the ladder.
The witch found out about the ladder, and was very angry.
"Did you think you could leave the tower?
Absolutely not!" the witch shouted.
Then the witch cut Rapunzel's hair.
Snip, snap!
Chunks of hair fell to the ground.

Then, the witch took Rapunzel to a desert.

"You will stay here forever.

You will live in great sadness," said the witch.

Rapunzel was lonely and sad again.

She missed the prince.

Back at the tower, the prince arrived.

He was excited to see Rapunzel.

He called, "Rapunzel, Rapunzel, let down your hair."

The witch was in the tower.

So she let down Rapunzel's cut hair.

The prince climbed up.

He was shocked to see the witch.

He asked, "Where is Rapunzel?"

The witch laughed and said, "You will not be able to find her."

The prince was very sad.

So he jumped out of the tower.

He fell into bushes with many thorns.

He hurt his eyes, so he could not see anymore.

'I am going to find Rapunzel,' the prince thought.
He started to walk.
He was blind and alone.
He called for Rapunzel, but she was far away.
The prince walked for many days.

One day, the prince arrived at a desert.
He heard someone singing from far away.
It was Rapunzel's beautiful voice!
He quickly followed the sound.

Rapunzel saw a poor blind man in rags.
But she knew that he was the prince!
She hugged him and cried.

Rapunzel's tears fell on the prince's eyes.
Then, something magical happened.
The prince could immediately see again!

The prince finally saw Rapunzel.
He said, "Rapunzel, I found you!"
They were both very happy.

The prince took Rapunzel to his kingdom.
And the kingdom welcomed her.
Rapunzel and the prince got married.
And they lived happily ever after.

◆ Rapunzel

Once upon a **ti**me, **/** there was a **man** and a **wo**man.
They **want**ed a **child** **/** for a **long ti**me.
Finally, **/** they were ex**pec**ting a **ba**by.

One day, **/** the **wo**man looked **out** the **win**dow.
And she **saw** **/** a **big gar**den **next door**.
The **gar**den **/** was **full** of **beau**tiful **flo**wers **/** and **ve**getables.
The **wo**man **/** **want**ed to **eat** some ra**pun**zel.

The **wo**man **told** her **hus**band, **/** "**I want** some ra**pun**zel."
Her **hus**band **/** **lo**ved her a **lot**.
So he **climb**ed **/** over the **high wall** **/** and **en**tered the **gar**den.
The **gar**den **/** be**long**ed to a **witch**.
But the **man** did **not** **/** **know** that.
He **took** some ra**pun**zel **/** for his **wi**fe.
She **ate** some, **/** and it **tas**ted **ve**ry **good**.

◆ 라푼젤

옛날 옛날에, 한 남자와 여자가 살았습니다.
그들은 오랫동안 아이를 갖고 싶었습니다.
마침내, 기다리던 아이가 곧 태어나게 되었어요.

어느 날, 여자가 창밖을 내다보고 있었어요.
큰 정원이 보였어요.
정원은 아름다운 꽃과 채소로 가득 차 있었습니다.
여자는 양배추(rapunzel)를 먹고 싶었습니다.

여자는 남편에게 말했어요. "나 양배추 먹고 싶어요."
남편은 아내를 매우 사랑했어요.
그래서 그는 높은 벽을 기어올라 정원에 들어섰습니다.
정원은 마녀의 소유였어요.
하지만 남자는 그 사실을 몰랐습니다.
그는 자신의 아내를 위한 양배추를 챙겼어요.
그녀는 양배추를 먹었고, 맛이 아주 좋았습니다.

The **next** day, / the **wo**man **want**ed **mo**re ra**pun**zel.

She **told** her **hus**band, / "**Plea**se, / **bring** me some **mo**re ra**pun**zel."

So the **hus**band / **went** to the **gar**den a**gain**.

But **this** time, / the **witch saw** him.

And she was **ve**ry **an**gry.

"How **da**re you / **steal** my ra**pun**zel?" / she said.

The **man** was a**fraid**.

"**Plea**se do **not hurt** me," / he said. / "My **wi**fe **want**ed it."

The **witch** / **thought** for a **mo**ment.

Then she said, / "I will **let** you **ta**ke the ra**pun**zel.

But you **must gi**ve me something."

The **man** asked, / "**What** do you **want**?"

"**When** your **ba**by is **born**, / **gi**ve it to me," / said the **witch**.

The **man** was **sca**red, / but he **nod**ded.

Soon, / the **wo**man gave **birth** / to a **ba**by **girl**.

That very same **day**, / the **witch** came.

She **took** the **ba**by a**way** / with her.

다음 날, 여자는 더 많은 양배추를 원했습니다.

그녀는 남편에게 말했어요. "부디, 나에게 양배추를 더 가져다줘요."

그래서 남편은 다시 정원으로 갔습니다.

하지만 이번에는, 마녀가 그를 보고 말았어요.

마녀는 매우 화가 났습니다.

"어떻게 감히 내 양배추를 훔칠 수 있지?" 마녀가 말했어요.

남자는 겁에 질렸습니다.

"제발 저를 해치지 말아 주세요." 그가 말했어요. "제 아내가 양배추를 원했어요."

마녀는 잠시 생각했습니다.

이윽고 마녀가 말했어요. "네가 양배추를 가져가게 해 주지.

하지만 너도 나에게 무언가를 줘야 해."

남자가 물었습니다. "무엇을 원하시나요?"

"네 아기가 태어나면, 그 아기를 나에게 줘." 마녀가 말했어요.

남자는 무서웠지만, 고개를 끄덕였어요.

얼마 지나지 않아 아내는 딸을 낳았습니다.

바로 그날에, 마녀가 찾아왔어요.

마녀는 아기를 챙겼습니다.

The **witch took** the **ba**by **/** to a **fo**rest.

She **na**med the **ba**by **/** Ra**pun**zel.

The **witch** put Ra**pun**zel **/** in a **big** and **tall to**wer.

The **to**wer **/** was **deep** in the **fo**rest.

It had **no doors /** or **stairs**.

So Ra**pun**zel could **not / leave** the **to**wer.

Ra**pun**zel grew **up /** in the **to**wer.

She had **long /** and **gold**en **hair**.

The **witch / ca**me to **vi**sit Ra**pun**zel **/** every **day**.

At the **bot**tom of the **to**wer, **/** she cried,

"Ra**pun**zel, Ra**pun**zel, **/ let** down your **hair**."

Then / Ra**pun**zel would **drop** her **long** hair **/ down**.

The **witch** would **use** it **/** to climb **up** the **to**wer.

Ra**pun**zel was a**lone /** for **ma**ny years.

Every **day**, **/** she looked **out** the **win**dow, **/** and **sang beau**tiful **songs**.

One day, **/** a **prin**ce was **ri**ding his **hor**se **/** in the **fo**rest.

While **ri**ding, **/** he **pass**ed **by** the **to**wer.

He **heard** someone **/ sing**ing in a **sweet voi**ce.

'Her **voi**ce is a**ma**zing. **/** I **won**der **who** she is,' **/** the **prin**ce thought.

30

마녀는 아기를 숲으로 데려갔어요.

마녀는 아기의 이름을 라푼젤이라고 지었습니다.

마녀는 라푼젤을 커다랗고 높은 탑에 가두었어요.

탑은 깊은 숲속에 있었습니다.

탑에는 문도 계단도 없었어요.

그래서 라푼젤은 탑을 떠날 수 없었습니다.

라푼젤은 탑 안에서 자랐습니다.

그녀는 긴 황금빛 머리카락을 가지고 있었어요.

마녀는 매일 라푼젤을 찾아왔습니다.

탑 아래에서, 마녀는 외쳤습니다.

"라푼젤, 라푼젤, 네 머리카락을 내려다오."

그러면 라푼젤은 자신의 긴 머리카락을 아래로 내려 주었어요.

마녀는 머리카락을 잡고 탑을 올라갔습니다.

라푼젤은 오랜 세월 혼자였습니다.

매일, 그녀는 창밖을 바라보며, 아름다운 노래를 불렀습니다.

어느 날, 한 왕자가 말을 타고 숲속을 지나가고 있었어요.

말을 타고 가다가, 그는 그 탑을 지나게 되었어요.

그는 누군가가 달콤한 목소리로 노래하는 것을 들었습니다.

'이 목소리는 정말이지 놀랍군. 도대체 누구일까?' 왕자는 생각했어요.

The **prin**ce looked a**round**, **/** but there was **no** one.

'I **think** the **voi**ce **/** is **co**ming from **that to**wer,' **/** he thought.

He went **clo**se **/** to the **tall** tower.

Now, **/** the **voi**ce **/** was a **bit loud**er.

The **prin**ce **/ want**ed to **meet** the **per**son **/ sing**ing.

But the **to**wer **/** had **no doors /** or **stairs**.

So he could **not / go** in**si**de.

Every day, **/** the **prin**ce **stood** by the **to**wer.

He **want**ed to **hear /** the **beau**tiful **voi**ce **/** a**gain** and a**gain**.

'I **real**ly want to **/ meet** this **wo**man,' **/** he thought.

One day, **/** the **prin**ce was **near** the **to**wer.

He **saw** an **old wo**man **/** in **front** of it.

She said, **/** "Ra**pun**zel, Ra**pun**zel, **/ let** down your **hair**."

Suddenly, **/ long** and **gold**en **hair /** came **down**.

The **old wo**man **u**sed the **hair /** and climbed **up** the **to**wer.

'**That** is **very** long **hair**!' **/** the **prin**ce thought.

Then, **/** he **had** an i**dea**.

왕자는 주위를 둘러보았지만, 아무도 없었습니다.
'이 목소리는 저 탑에서 흘러나오는 것 같아.' 그가 생각했어요.
그는 높은 탑 가까이로 다가갔습니다.
이제, 목소리가 조금 더 크게 들렸어요.
왕자는 노래 부르는 사람을 만나고 싶었습니다.
하지만 탑에는 문도 계단도 없었어요.
그래서 그는 안으로 들어갈 수 없었습니다.

매일, 왕자는 탑 옆에 서 있었어요.
그는 그 아름다운 목소리를 계속 듣고 싶었습니다.
'이 여자를 정말 만나고 싶군.' 그는 생각했어요.

어느 날, 왕자는 탑 근처에 있었습니다.
그는 탑 앞에 있는 한 노파를 보았습니다.
노파가 말했습니다. "라푼젤, 라푼젤, 네 머리카락을 내려다오."
갑자기, 긴 황금빛 머리카락이 아래로 내려왔습니다.
노파는 그 머리카락을 잡고 탑을 올라갔어요.
'굉장히 긴 머리카락이군!' 왕자가 생각했습니다.
그때, 그에게 좋은 생각이 떠올랐습니다.

The **next** day, **/** the **prin**ce re**turn**ed to the **to**wer.

He **call**ed, **/** "Ra**pun**zel, Ra**pun**zel, **/** **let** down your **hair**."

The **hair** **/** **real**ly came **down**!

The **prin**ce **u**sed the **hair** **/** and climbed **up** the **to**wer.

In the **to**wer, **/** he **saw** Ra**pun**zel.

Ra**pun**zel was sur**pri**sed, **/** so she **ask**ed, **/** "Who **are** you?"

"I am a **prin**ce. **/** I **heard** your **beau**tiful **voi**ce, **/** so I **ca**me here.

I **want**ed to **meet** you," **/** said the **prin**ce.

Ra**pun**zel **/** had **nev**er **seen** a **prin**ce be**fo**re.

Ra**pun**zel **/** was **sca**red at **first**.

But the **prin**ce was **ni**ce, **/** so she **li**ked him.

They **talk**ed **/** for a **long** time.

The **prin**ce **/** **ma**de her **laugh**.

Ra**pun**zel was **not lo**nely **/** any**mo**re.

The **prin**ce said, **/** "I will **co**me a**gain** **/** to**mor**row."

While Ra**pun**zel **wait**ed for him, **/** she **sang ma**ny **songs**.

She **thought** about the **prin**ce **/** a **lot**.

다음 날, 왕자는 다시 탑으로 돌아왔습니다.
그는 외쳤습니다. "라푼젤, 라푼젤, 네 머리카락을 내려다오."
머리카락이 정말로 내려왔어요!

왕자는 그 머리카락을 잡고 탑을 올라갔습니다.
탑 안에서, 그는 라푼젤을 보았어요.
라푼젤은 깜짝 놀라서 물었습니다. "당신은 누구세요?"
"저는 왕자랍니다. 저는 당신의 아름다운 목소리를 들었고, 그래서 여기로 왔어요.
당신을 만나고 싶었어요." 왕자가 말했습니다.
라푼젤은 한 번도 왕자를 본 적이 없었어요.

라푼젤은 처음에는 무서웠습니다.
하지만 왕자는 친절했고, 그래서 그녀는 그가 마음에 들었어요.
그들은 오랫동안 이야기를 나누었습니다.
왕자는 라푼젤을 웃게 했어요.
라푼젤은 더 이상 외롭지 않았습니다.

왕자가 말했습니다. "내일 다시 올게요."
라푼젤은 그를 기다리는 동안, 많은 노래를 불렀습니다.
그녀는 왕자 생각을 많이 했습니다.

The **prin**ce **vi**sited Ra**pun**zel **/** every **day**.

And they **fell** in **lo**ve **/** with each **o**ther.

One day, **/** the **prin**ce said, **/** "**Let's** make a **plan**.

I will **help** you **/** get **out** of the **to**wer."

Ra**pun**zel was ex**ci**ted **/** to **see** the **world**.

She **want**ed to **smell flo**wers **/** and **ri**de **hor**ses, too.

After **talk**ing it **o**ver, **/** Ra**pun**zel **thought** of a **plan**.

"**E**very time you **co**me, **/ bring** me some **silk**.

And I will **ma**ke a **lad**der **/** with it."

From **then** on, **/** the **prin**ce brought **silk** **/** when he **ca**me.

Ra**pun**zel **/ start**ed to **ma**ke the **lad**der.

She **work**ed on it **/** every **day**.

She **dream**ed of **free**dom **/** and ad**ven**tures.

When**e**ver the **witch ca**me, **/** Ra**pun**zel **hid** the **lad**der.

Finally, **/** the **lad**der was **rea**dy.

One night, **/** Ra**pun**zel was **rea**dy **/** to es**ca**pe the **to**wer.

So she **wait**ed for the **prin**ce **/** to **co**me.

왕자는 매일 라푼젤을 찾아왔습니다.
그리고 그들은 서로 사랑에 빠졌어요.

어느 날, 왕자가 말했습니다. "우리, 계획을 세워요.
당신이 탑에서 빠져나오도록 도와줄게요."
라푼젤은 바깥 세상을 볼 생각에 들떴습니다.
그녀는 꽃 향기도 맡고 말도 타고 싶었습니다.

이야기를 나눈 후에, 라푼젤은 한 가지 계획을 생각해 냈어요.
"당신이 오실 때마다, 저에게 비단을 좀 가져다주세요.
그러면 저는 비단으로 사다리를 만들게요."

그때부터, 왕자는 올 때마다 비단을 가져왔습니다.
라푼젤은 사다리를 만들기 시작했어요.
그녀는 매일 열심히 일했습니다.
자유와 모험을 꿈꾸면서요.

마녀가 올 때마다, 라푼젤은 비단으로 만든 사다리를 숨겼습니다.
마침내, 사다리가 완성되었어요.
어느 날 밤, 라푼젤은 탑을 탈출할 준비가 되었습니다.
그래서 그녀는 왕자가 오기를 기다렸어요.

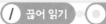

But the **witch** / came **first**.

Ra**pun**zel was **shock**ed, / so she could **not** / **hide** the **lad**der.

The **witch** / **found out** about the **lad**der, / and was **ve**ry **an**gry.

"Did you **think** / you could **leave** the **to**wer?

Absolutely **not**!" / the **witch shout**ed.

Then the **witch** / **cut** Ra**pun**zel's **hair**.

Snip, snap!

Chunks of **hair** / **fell** to the **ground**.

Then, / the **witch took** Ra**pun**zel / to a **de**sert.

"You will **stay** here / for**e**ver.

You will **live** / in **great sad**ness," / said the **witch**.

Ra**pun**zel was **lo**nely / and **sad** a**gain**.

She **miss**ed the **prin**ce.

Back at the **to**wer, / the **prin**ce ar**ri**ved.

He was ex**ci**ted / to **see** Ra**pun**zel.

He **call**ed, / "Ra**pun**zel, Ra**pun**zel, / **let** down your **hair**."

The **witch** / was in the **to**wer.

So she **let** down / Ra**pun**zel's **cut hair**.

하지만 마녀가 먼저 왔습니다.
라푼젤은 깜짝 놀라서 미처 사다리를 숨기지 못했어요.
마녀는 사다리를 발견하고는 매우 화를 냈어요.
"네가 감히 탑을 탈출할 생각을 해?
절대 안 돼!" 마녀가 소리쳤습니다.
그리고 나서 마녀는 라푼젤의 머리카락을 잘라 버렸습니다.
싹둑, 싹둑!
많은 양의 머리카락 뭉치들이 바닥으로 떨어졌어요.

이어서, 마녀는 라푼젤을 사막으로 데려갔습니다.
"너는 여기서 영원히 머물게 될 거야.
너는 큰 슬픔 속에서 살게 될 거야." 마녀가 말했어요.
라푼젤은 다시 외롭고 슬펐습니다.
그녀는 왕자가 그리웠어요.

한편 탑 근처에는 왕자가 와 있었습니다.
그는 라푼젤을 볼 생각에 들떠 있었어요.
그는 외쳤어요. "라푼젤, 라푼젤, 네 머리카락을 내려다오."
하지만 탑 안에는 라푼젤이 아닌 마녀만 있었을 뿐이지요.
그녀는 아까 잘라둔 라푼젤의 긴 머리카락 뭉치를 아래로 내려보냈어요.

The **prin**ce **/** climbed **up**.

He was **shock**ed **/** to **see** the **witch**.

He **ask**ed, **/** "**Where** is Ra**pun**zel?"

The **witch laugh**ed and said, **/** "You will **not** **/** be able to **find** her."

The **prin**ce **/** was **ve**ry **sad**.

So he **jump**ed **/** **out** of the **to**wer.

He **fell** into **bush**es **/** with **ma**ny **thorns**.

He **hurt** his **eyes**, **/** so he could **not see** anymore.

'I am going to **find** Ra**pun**zel,' **/** the **prin**ce thought.

He **start**ed to **walk**.

He was **blind** **/** and a**lo**ne.

He **call**ed for Ra**pun**zel, **/** but she was **far** a**way**.

The **prin**ce **/** **walk**ed for **ma**ny **days**.

One day, **/** the **prin**ce ar**ri**ved **/** at a **de**sert.

He **heard** someone **/** **sing**ing from **far** a**way**.

It was Ra**pun**zel's **beau**tiful **voi**ce!

He **quick**ly **/** **fol**lowed the **sound**.

왕자가 탑을 기어 올라갔어요.

그는 마녀를 보고 깜짝 놀랐습니다.

그가 물었어요. "라푼젤은 어디 있죠?"

마녀는 웃음을 터뜨리며 말했습니다. "너는 그 아이를 찾지 못할 거야."

왕자는 매우 슬펐습니다.

그래서 그는 탑에서 뛰어내렸어요.

그는 가시가 많은 덤불들 위로 떨어졌습니다.

그는 눈을 다쳐서, 더 이상 앞을 볼 수 없게 되었어요.

'나는 라푼젤을 찾겠어.' 왕자는 생각했습니다.

그는 걷기 시작했어요.

그는 앞이 보이지 않았고 혼자였습니다.

그는 라푼젤을 불렀지만, 그녀는 멀리 있었어요.

왕자는 여러 날을 걸었습니다.

어느 날, 왕자는 사막에 다다랐습니다.

그는 누군가가 멀리서 노래하는 소리를 들었습니다.

그것은 라푼젤의 아름다운 목소리였어요!

그는 재빨리 그 소리를 따라갔습니다.

Reading Training

/ 끊어 읽기 강세 넣기

Rapunzel / **saw** a **poor** blind **man** / in **rags**.
But she **knew** / that he was the **prin**ce!
She **hug**ged him / and **cri**ed.

Rapunzel's **tears** / **fell** on the **prin**ce's **eyes**.
Then, / something **ma**gical **hap**pened.
The **prin**ce could im**me**diately **see** again!

The **prin**ce / **fi**nally **saw** Rapunzel.
He said, / "Ra**pun**zel, / I **found** you!"
They were **both** / **ve**ry **hap**py.

The **prin**ce **took** Rapunzel / to his **king**dom.
And the **king**dom / **wel**comed her.
Rapunzel and the **prin**ce / got **mar**ried.
And they **lived** **hap**pily / ever **af**ter.

라푼젤은 누더기 차림의 가난하고 눈먼 남자를 보았습니다.
하지만 그녀는 그가 왕자라는 것을 알았어요!
라푼젤은 그를 끌어안고 울음을 터뜨렸습니다.

라푼젤의 눈물이 왕자의 두 눈 위로 떨어졌습니다.
바로 그때, 마법 같은 일이 일어났어요.
왕자는 그 즉시 다시 앞을 볼 수 있게 되었어요!

왕자는 마침내 라푼젤을 보았습니다.
그가 말했어요. "라푼젤, 제가 당신을 찾았어요!"
두 사람 모두 매우 행복했습니다.

왕자는 라푼젤을 그의 왕국으로 데려갔습니다.
그리고 왕국은 라푼젤을 반겨 주었어요.
라푼젤과 왕자는 결혼했어요.
그들은 오래오래 행복하게 살았답니다.

Part 1 ◆ p.8~15

garden, witch, rapunzel

baby, name, tower

bottom, drop, climb

prince, voice, meet

visit, love, plan

ladder, wait, cut

desert, jump, hurt

blind, tears, kingdom

demanded   escape   tears   desert   stole

Once there was a man and woman. They wanted a child. The man

_____ some rapunzel from a witch's garden for his wife.

The witch became angry and _____ their baby in return.

The witch took the baby and named her Rapunzel. And she put

Rapunzel in a tower. One day, a prince heard Rapunzel singing and

climbed up the tower using her long hair. They fell in love and planned

to _____ , but the witch found out about it. She cut

Rapunzel's hair and sent her to a _____ . The prince, now

blind, found Rapunzel, and her _____ healed him. They

returned to the prince's kingdom and lived happily ever after.

Memo

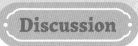
Discussion

1 ◆ The witch kept Rapunzel locked in the tower and brought her up. Do you think the witch did so because she loved Rapunzel and wanted to protect her, or because she wanted to control her? If you were Rapunzel, how would you have felt? Would you have loved the witch or hated her?

마녀는 라푼젤을 탑에 가둬 두고 키웠어요. 마녀는 라푼젤을 사랑해서 안전하게 보호하려고 한 것일까요, 아니면 강압적으로 통제하려고 한 것일까요? 여러분이 라푼젤이라면 어떤 기분이었을 것 같나요? 여러분은 마녀를 사랑했을까요, 아니면 미워했을까요?

2 ◆ (If you are a parent, please be prepared with your own response in case your child cannot think of an answer.) Rapunzel dreamed of freedom and tried to escape from the tower. Have you ever felt like you were not free? When did you feel that way? How did you handle it?

(여러분이 부모라면, 아이가 대답을 생각하지 못할 수 있으니 여러분의 경험을 미리 생각해 두었다가 들려주세요.) 라푼젤은 자유를 꿈꾸며 탑에서 탈출하려고 시도했어요. 여러분도 자유롭지 못해 답답하다고 느낀 적이 있나요? 언제 그런 느낌이 들었나요? 그리고 그때 어떻게 했나요?

낭독하는 명작동화 Level 3-5

Rapunzel

초판 1쇄 발행 2024년 12월 2일

지은이 새벽달(남수진) 이현석 롱테일 교육 연구소
책임편집 강지희 | **편집** 명채린 백지연 홍하늘
디자인 박새롬 | **그림** 김미선
마케팅 두잉글 사업본부

펴낸이 이수영
펴낸곳 롱테일북스
출판등록 제2015-000191호
주소 04033 서울특별시 마포구 양화로 113, 3층(서교동, 순흥빌딩)
전자메일 team@ltinc.net

이 도서는 대한민국에서 제작되었습니다.
롱테일북스는 롱테일㈜의 출판 브랜드입니다.

ISBN 979-11-93992-29-6 14740

Rapunzel

2

husband
enter
belong to

새벽달 X 이헌석 낭독스쿨

Rapunzel

1

child
garden
rapunzel

새벽달 X 이헌석 낭독스쿨

Rapunzel

4

witch
baby
scared

새벽달 X 이헌석 낭독스쿨

Rapunzel

3

want
tell
bring

새벽달 X 이헌석 낭독스쿨

Rapunzel

6

6
tower
drop
climb

새벽달 X 이현석 낭독스쿨

Rapunzel

5

5
give birth to
take
name

새벽달 X 이현석 낭독스쿨

Rapunzel

8

8
see
return
call

새벽달 X 이현석 낭독스쿨

Rapunzel

7

7
ride
hear
meet

새벽달 X 이현석 낭독스쿨

Rapunzel

10

scared
nice
wait

새벽달 X 이현석 낭독스쿨

Rapunzel

9

hair
surprised
see

새벽달 X 이현석 낭독스쿨

Rapunzel

12

silk
ladder
freedom

새벽달 X 이현석 낭독스쿨

Rapunzel

11

visit
fall in love
plan

새벽달 X 이현석 낭독스쿨

Rapunzel

14

shocked
jump
bushes

새벽달 X 이현석 낭독스쿨

Rapunzel

13

escape
find out
cut

새벽달 X 이현석 낭독스쿨

Rapunzel

16

kingdom
welcome
married

새벽달 X 이현석 낭독스쿨

Rapunzel

15

blind
tears
see

새벽달 X 이현석 낭독스쿨